Hefei Huang (黄鹤飞) und Dieter Ziethen

Chinesische Elementarzeichen 2

Übungsbuch der Schriftzeichen und Vokabeln des neuen HSK 2

3. Auflage

Machen Sie sich fit für die Zukunft:

www.huang-verlag.de

Ihr Fachbuchverlag für Ostasien

Hefei Huang (黄鹤飞) und Dieter Ziethen

Chinesische Elementarzeichen 2

Übungsbuch der Schriftzeichen und Vokabeln des neuen HSK 2

3. Auflage

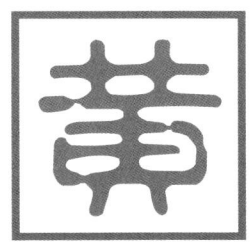

Hefei Huang Verlag

Alle in diesem Buch enthaltenen Informationen wurden nach bestem Wissen zusammengestellt. Dennoch sind Fehler nicht ganz ausgeschlossen. Aus diesem Grund sind die in diesem Buch enthaltenen Informationen mit keiner Verpflichtung oder Garantie in irgendeiner Weise verbunden. Autor und Verlag übernehmen infolgedessen keine Verantwortung und werden keine daraus folgende oder sonstige Haftung übernehmen, die auf irgendeine Art aus der Benutzung dieser Informationen oder Teilen davon entsteht.

Ebensowenig übernehmen Autor und Verlag die Gewähr dafür, dass die beschriebenen Verfahren usw. frei von Schutzrechten Dritter sind. Die Wiedergabe von Gebrauchsnamen, Handelsnamen, Warenbezeichnungen usw. in diesem Werk berechtigt also auch ohne besondere Kennzeichnung nicht zu der Annahme, dass solche Namen im Sinne der Warenzeichen- und Markenschutzgesetzgebung als frei zu betrachten wären und daher von jedermann benutzt werden dürften.

Bibliografische Information der Deutschen Bibliothek

Die Deutsche Bibliothek verzeichnet diese Publikation in der Deutschen Nationalbibliographie. Detaillierte bibliografische Daten sind im Internet über http://dnb.ddb.de abrufbar.

Dieses Werk ist urheberrechtlich geschützt.

Alle Rechte, auch die der Übersetzung, des Nachdruckes und der Vervielfältigung des Buches, oder Teilen daraus, vorbehalten. Kein Teil des Werkes darf ohne schriftliche Genehmigung des Verlages in irgendeiner Form (Fotokopie, Mikrofilm oder ein anderes Verfahren), auch nicht für Zwecke der Unterrichtsgestaltung, reproduziert oder unter Verwendung elektronischer Systeme verarbeitet, vervielfältigt oder verbreitet werden.

ISBN 978-3-940497-29-1, 3. Auflage

© 2023 Hefei Huang Verlag GmbH, Osterseestr. 50 a, D-82194 Gröbenzell

www.huang-verlag.de

Gedruckt in Deutschland

Inhalt

Inhalt	5
Einleitung	6
Schreibung der Schriftzeichen	7
01 Pronomen und Zahlen	9
02 Adjektive (1)	15
03 Adjektive (2)	21
04 Essen und Trinken	27
05 Familie und Personen	33
06 Orte	39
07 Lage- und Zeitangaben	44
08 Mensch und Natur	50
09 Verben (1)	55
10 Begriffe und Gegenstände (1)	60
11 Verben (2)	65
12 Begriffe und Gegenstände (2)	71
13 Verben (3)	77
14 Adverbien	84
15 Verben (4)	91
16 Grammatikpartikel	98
17 Verben (5)	102
18 Konjunktionen und Präpositionen	108
19 Floskeln und Ausdrücke	113
20 Zähleinheitswörter	116
Anhang A: Chinesische Schriftzeichen	120
Anhang B: Lerninhalt des HSK 2	124
Anhang C: Alphabetische Wörterliste	129

Allgemeines zum Buch

Einleitung

Das Buch hat das Ziel, wichtige chinesische Schriftzeichen und Vokabeln zu vermitteln, die im Alltag von Bedeutung sind. Es kann daher als Ergänzung zu jedem chinesischen Lernmaterial verwendet werden, um die Schriftzeichen und wichtige Vokabeln zu lernen oder zu wiederholen. Das Buch ist der Folgeband des Werks „Chinesische Elementarzeichen 1 – Übungsbuch der Schriftzeichen und Vokabeln des neuen HSK 1". Bei der Benutzung dieses Werks wird davon ausgegangen, dass die Schriftzeichen aus Band 1 bekannt sind.

Das Buch fasst wichtige chinesische Vokabeln nach Themen- oder Verwendungsgruppen zusammen. Die Schriftzeichen, die notwendig sind, um diese Vokabeln lesen oder schreiben zu können, sind diesen Gruppen zugeordnet. Jeder Abschnitt stellt daher zuerst die neuen Schriftzeichen einer Gruppe vor und erläutert deren Aussprache und Bedeutung. Zusätzlich sind die Lang- und Kurzform sowie die Radikale angegeben. Anschließend werden die Schriftzeichen in Formularen schreiben und lesen geübt. Den Abschluss jeder Gruppe bildet eine Vokabelliste mit Übungsformularen. Gibt es Besonderheiten bei der Anwendung einer Vokabel, sind zusätzlich Mustersätze oder Mustersatzteile eingefügt, die zum Lernen der Vokabel hilfreich sein können. Eine Übersicht aller Schriftzeichen dieses Buchs in alphabetischer Form bietet Anhang A.

Wer neben einem allgemeinen Interesse an der chinesischen Sprache Chinesisch lernt, um sich der neuen HSK-Prüfung zu unterziehen, kann das Buch gezielt zur Prüfungsvorbereitung verwenden. In diesem Buch werden alle Schriftzeichen und Vokabeln geübt, die zusätzlich zu denen aus Band 1 gelernt werden müssen, um den Zeichen- und Wortschatz des neuen HSK 2 zu erarbeiten. Um eine vollständige Übersicht des Lerninhalts des neuen HSK 2 zu geben, sind in Anhang B sämtliche Wörter und Vokabeln des neuen HSK 1 und HSK 2 zusammengestellt. Anhang C führt dagegen die Wörter und Vokabeln auf, die im HSK 2 zusätzlich zum HSK 1 beherrscht werden müssen.

Wie schon in Band 1 sei der Leser darauf hingewiesen, dass die Strukturierung eines Schriftzeichens und dessen Radikal je nach Literatur unterschiedlich gesehen werden kann. Die Radikale und Strukturen der Schriftzeichen dieses Buchs sind an die Nachschlagewerke „新华写字字典" (商务印书馆, 北京, 2001) und „新汉德词典" (商务印书馆, 北京, 1996) angelehnt.

Allgemeines Wissen

Schreibung der Schriftzeichen

Wer die chinesische Schrift schreiben lernt, stellt schnell fest, dass die Strichreihenfolge nicht willkürlich ist, sondern Regeln unterworfen ist, die in diesem Kapitel erklärt werden.

Als allgemeine Faustregel gilt, dass die Strichreihenfolge je nach Aufbau eines Zeichens von oben nach unten und von links nach rechts bzw. von links nach rechts und von oben nach unten verläuft. Dabei wird meist in dem linken oberen Bereich des Schriftzeichens begonnen. Die folgende Tabelle gibt hierzu zwei Beispiele: Das Zeichen „吧" wird von links nach rechts und von oben nach unten geschrieben. Das Zeichen „员" wird von oben nach unten und von links nach rechts geschrieben.

Allgemeine Faustregel	Beispiele
Die Striche sind geordnet: von oben nach unten von links nach rechts	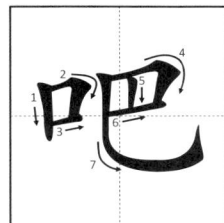 

Wenn es sich nicht gerade um ein Bildzeichen oder indikatives Schriftzeichen handelt (vgl. Chinesische Elementarzeichen 1, Systematik der Schriftzeichen), so setzt sich ein Schriftzeichen aus mehreren Teilen zusammen (Kombinationszeichen). Wird ein Kombinationszeichen geschrieben, so wird beim Schreiben immer ein Teil komplett vollendet, bevor zum nächsten Teil des Schriftzeichens übergegangen wird. Ein Beispiel gibt die folgende Tabelle:

Allgemeine Regel	Beispiel
Es wird ein Teilzeichen vollendet, bevor das nächste Teilzeichen geschrieben wird.	 

Schreibung der Schriftzeichen

Auch bezüglich der Reihenfolge der Teilzeichen eines Kombinationszeichens gibt es feste Regeln, nach denen man sich richten kann. Bei der Anordnung der Teilzeichen kann man acht immer wiederkehrende Muster unterscheiden. Für jedes Muster ist festgelegt, in welcher Reihenfolge die Teilzeichen vervollständigt werden. Eine Aufzählung der Muster gibt die folgende Tabelle. Der Teil, der zuerst geschrieben wird, ist dabei grau hervorgehoben.

Muster		Beispiele	Reihenfolge der Teilzeichen
	rechts links	吗, 鸡	1. linker Teil 2. rechter Teil
	oben unten	茶, 菜	1. oberer Teil 2. unterer Teil
	Klammer links unten	道, 近	1. innerer Teil 2. äußerer Teil
	Klammer links oben	店, 病	1. äußerer Teil 2. innerer Teil
	Klammer rechts oben	司, 习	1. äußerer Teil 2. innerer Teil
	Klammer links	医	1. äußerer Teil 2. innerer Teil
	Klammer oben	间, 问	1. äußerer Teil 2. innerer Teil
	Rahmen	国, 回	1. äußerer Teil, oben 2. innerer Teil 3. äußerer Teil, unten

Die Strichfolge ist im Chinesischen nicht normiert. Je nach Quelle kann ein Lerner verschiedene Strichfolgen finden. **Keine dieser Strichfolgen ist falsch!** Sie sind ein Vorschlag für die Schreibung eines Schriftzeichens.

Dieses Buch versucht, sich jeweils an der gebräuchlichsten Strichfolge zu orientieren. Sollten Sie im Einzelfall eine Strichfolge finden, die Sie anders kennen, bleibt Ihnen die Entscheidung überlassen, welche Strichfolge Ihnen besser liegt.

Schriftzeichen für

01 Pronomen und Zahlen

Kurzzeichen	Radikal	Langzeichen	Pinyin	Bedeutung
您	心	您	nín	Sie
它	宀	它	tā	es
每	母	每	měi	jeder
为	丶	爲	wéi / wèi	für
两	一	兩	liǎng	zwei[*]
百	一	百	bǎi	hundert
千	十	千	qiān	tausend
第	竹	第	dì	Kennzeichen Ordnungszahl

[*] „两" wird in der Regel in Verbindung mit Zähleinheitswörtern (z.B. „两个") verwendet.

01 Pronomen und Zahlen

01 Pronomen und Zahlen

wéi / wèi
(für)

liǎng
(zwei)

两

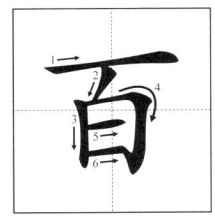

bǎi
(hundert)

百

01 Pronomen und Zahlen

qiān
(tausend)

dì
(Ordnungszahl)

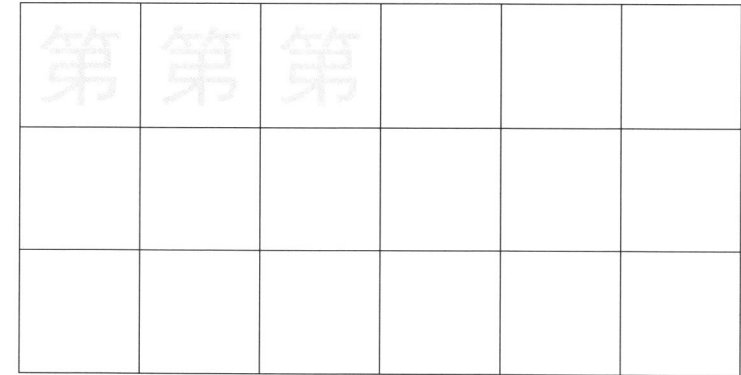

Vokabeln

Sie
(nín)

es
(tā)

jeder, -e, -es
(měi)

01 Pronomen und Zahlen

jeden Tag
(měi tiān) — 每天

jedes Jahr
(měi nián) — 每年

jede Person
(měi ge rén) — 每个人

alle zusammen
(dàjiā) — 大家

warum
(wèi shénme) — 为什么

zwei Stück
(liǎng ge) — 两个

zwei Uhr
(liǎng diǎn) — 两点

einhundert
(yì bǎi) — 一百

einhunderteins
(yì bǎi líng yī) — 一百零一

01 Pronomen und Zahlen

einhundertzehn
(yì bǎi yī shí) 一百一十

zweihundert
(liǎng bǎi) 两百

zweitausend
(liǎng qiān) 两千

zweitausendsieben
(liǎng qiān líng qī) 两千零七

zweitausend-
sechshundert
(liǎng qiān liù bǎi) 两千六百

achttausend
(bā qiān) 八千

der/die/das Erste
(dì-yī) 第一

der/die/das Zweite
(dì-èr) 第二

Schriftzeichen für
02 Adjektive (1)

Kurzzeichen	Radikal	Langzeichen	Pinyin	Bedeutung
红	纟	紅	hóng	rot
白	白	白	bái	weiß
黑	黑	黑	hēi	schwarz
晴	日	晴	qíng	heiter
阴	阝	陰	yīn	trüb
快	忄	快	kuài	schnell
慢	忄	慢	màn	langsam
远	辶	遠	yuǎn	fern
近	辶	近	jìn	nah

02 Adjektive (1)

hóng
(rot)

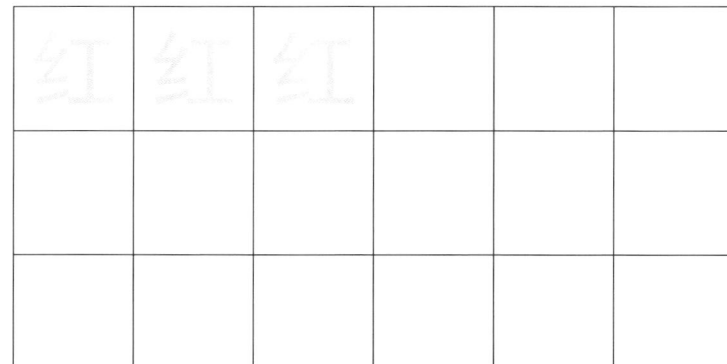

bái
(weiß)

hēi
(schwarz)

02 Adjektive (1)

qíng
(heiter)

yīn
(trüb)

kuài
(schnell)

02 Adjektive (1)

màn
(langsam)

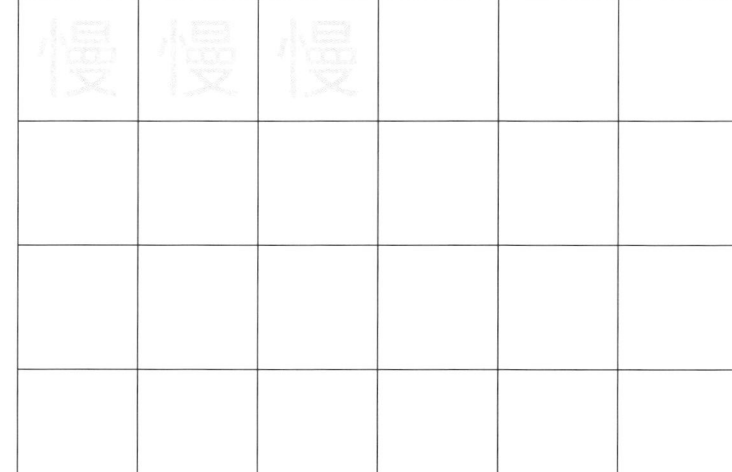

yuǎn
(fern)

jìn
(nah)

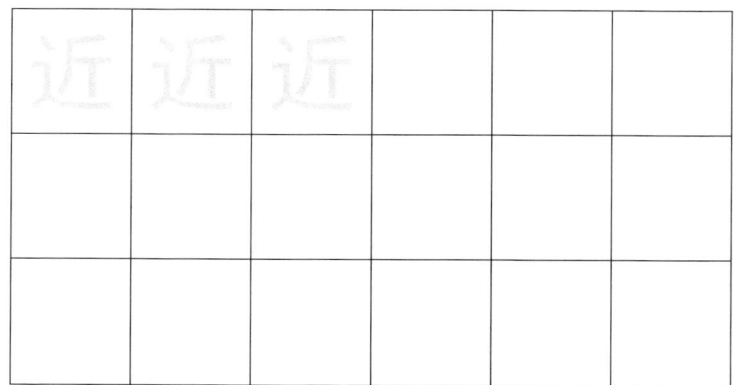

02 Adjektive (1)

Vokabeln

rot
(hóng)

roter Apfel
(hóng píngguǒ)

weiß
(bái)

Chinakohl
(báicài)

schwarz
(hēi)

schwarze Kleidung
(hēi yīfu)

heiter
(qíng)

schönes Wetter
(qíng tiān)

02 Adjektive (1)

Deutsch (Pinyin)	Zeichen
trüb (yīn)	阴
trübes Wetter (yīn tiān)	阴天
schnell (kuài)	快
ein bisschen schneller (kuài yìdiǎner)	快一点儿
langsam (màn)	慢
fern (yuǎn)	远
nah (jìn)	近
lecker (hǎochī)	好吃

Schriftzeichen für

03 Adjektive (2)

Kurzzeichen	Radikal	Langzeichen	Pinyin	Bedeutung
累	糸	累	lèi	müde, erschöpft
长	丿	長	cháng	lang
新	斤	新	xīn	neu
贵	贝	貴	guì	teuer
便	亻	便	pián	günstig
宜	宀	宜	yí	geeignet
错	钅	錯	cuò	falsch
乐	丿	樂	lè	Freude
忙	忄	忙	máng	beschäftigt

03 Adjektive (2)

lèi
(müde, erschöpft)

cháng
(lang)

xīn
(neu)

03 Adjektive (2)

guì
(teuer)

pián
(günstig)

便

yí
(geeignet)

03 Adjektive (2)

cuò
(falsch)

lè
(Freude)

máng
(beschäftigt)

03 Adjektive (2)

Vokabeln

müde
(lèi)

Er ist sehr müde.
(Tā hěn lèi)

lang
(cháng)

langer Tisch
(cháng zhuōzi)

neu
(xīn)

neuer Mitschüler
(xīn tóngxué)

teuer
(guì)

03 Adjektive (2)

| billig, preiswert (piányi) | 便宜 |

| Könnte es ein bisschen günstiger sein? (Néngbunéng piányi yìxiē) | 能不能便宜一些 |

| falsch (cuò) | 错 |

| Das hast du falsch gesagt. (Nǐ shuō cuò le) | 你说错了 |

| glücklich (kuàilè) | 快乐 |

| Sie ist in China sehr glücklich. (Tā zài Zhōngguó hěn kuàilè) | 她在中国很快乐 |

| beschäftigt (máng) | 忙 |

Schriftzeichen für

04 Essen und Trinken

Kurzzeichen	Radikal	Langzeichen	Pinyin	Bedeutung
鱼	鱼	魚	yú	Fisch
羊	羊	羊	yáng	Schaf
肉	冂	肉	ròu	Fleisch
牛	牛	牛	niú	Rind
奶	女	奶	nǎi	Milch
鸡	鸟	鷄	jī	Huhn
蛋	虫	蛋	dàn	Ei
瓜	瓜	瓜	guā	Kürbis, Gurke, Melone
咖	口	咖	kā	Lautzeichen „ka"
啡	口	啡	fēi	Lautzeichen „fei"

04 Essen und Trinken

yú
(Fisch)

yáng
(Schaf)

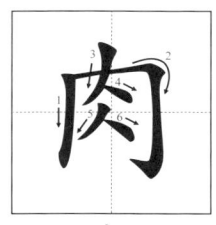

ròu
(Fleisch)

04 Essen und Trinken

牛
niú
(Rind)

奶
nǎi
(Milch)

鸡
jī
(Huhn)

29

04 Essen und Trinken

dàn
(Ei)

guā
(Gurke, Melone)

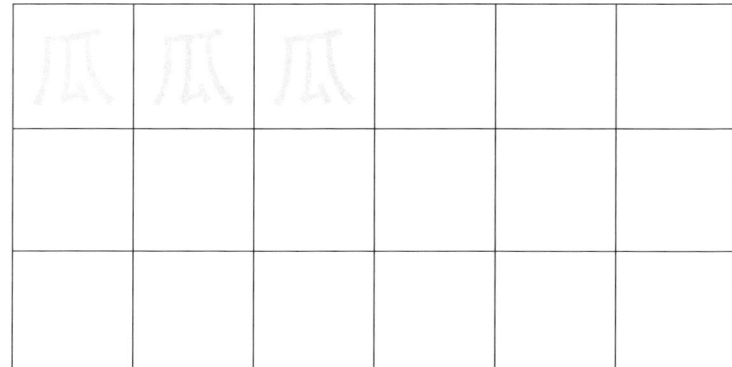

kā
(Lautzeichen)

04 Essen und Trinken

fēi
(Lautzeichen)

Vokabeln

Fisch
(yú)

einige Fische
(yì xiē yú)

Schaffleisch
(yángròu)

Schaffleisch
schmeckt gut!
(Yángròu hǎochī)

04 Essen und Trinken

Kuhmilch
(niúnǎi)

牛奶

ein Becher Milch
(yì bēi niúnǎi)

一杯牛奶

Hühnerei
(jīdàn)

鸡蛋

ein Hühnerei
(yí ge jīdàn)

一个鸡蛋

Wassermelone
(xīguā)

西瓜

ein Stück Wassermelone
(yí kuài xīguā)

一块西瓜

Kaffee
(kāfēi)

咖啡

Milchkaffee
(niúnǎi kāfēi)

牛奶咖啡

Schriftzeichen für

05 Familie und Personen

Kurzzeichen	Radikal	Langzeichen	Pinyin	Bedeutung
哥	口	哥	gē	älterer Bruder
弟	丷	弟	dì	jüngerer Bruder
妹	女	妹	mèi	jüngere Schwester
丈	一	丈	zhàng	vermessen
夫	一	夫	fū	Ehemann
妻	女	妻	qī	Ehefrau
孩	子	孩	hái	Kind
男	田	男	nán	männlich, Mann
务	力	務	wù	Angelegenheit
员	口	員	yuán	Beschäftigter

05 Familie und Personen

gē
(älterer Bruder)

dì
(jüngerer Bruder)

mèi
(jüng. Schwester)

05 Familie und Personen

zhàng
(vermessen)

fū
(Ehemann)

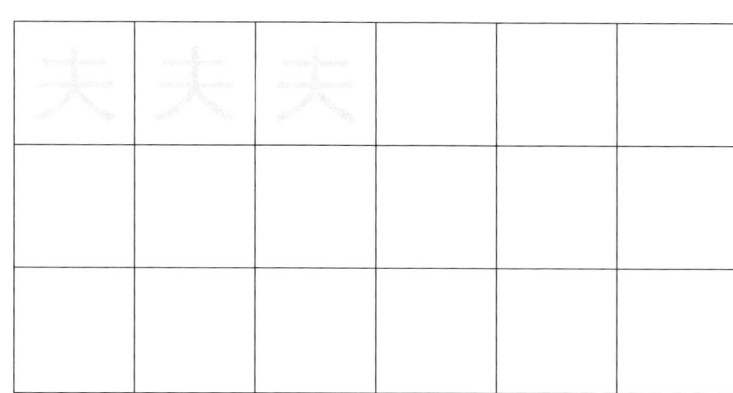

qī
(Ehefrau)

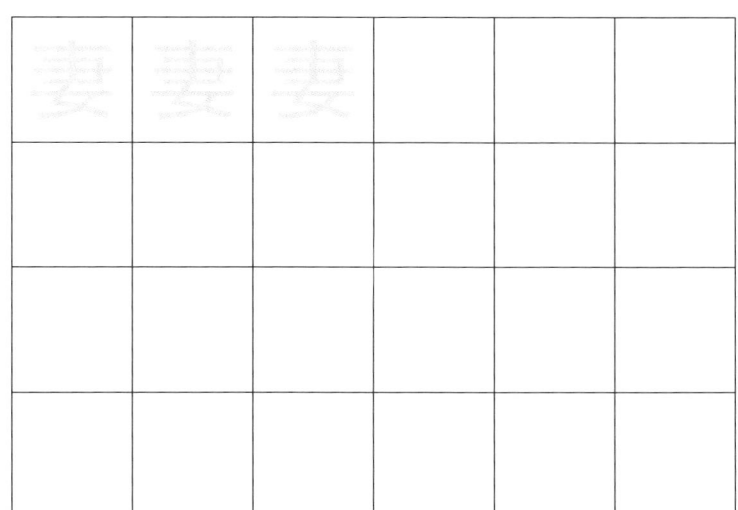

35

05 Familie und Personen

hái
(Kind)

nán
(männlich, Mann)

wù
(Angelegenheit)

05 Familie und Personen

yuán
(Beschäftigter)

Vokabeln

älterer Bruder
(gēge)

ältere Schwester
(jiějie)

jüngerer Bruder
(dìdi)

jüngere Schwester
(mèimei)

05 Familie und Personen

Ehemann (zhàngfu) 丈夫

Ehefrau (qīzi) 妻子

Kind (háizi) 孩子

Mann (nánrén) 男人

Frau (nǚrén) 女人

Bedienung (fúwùyuán) 服务员

Schriftzeichen für

06 Orte

Kurzzeichen	Radikal	Langzeichen	Pinyin	Bedeutung
公	八	公	gōng	öffentlich
司	丁	司	sī	führen
场	土	場	chǎng	Platz
教	攵	教	jiào	lehren
室	宀	室	shì	Zimmer
房	户	房	fáng	Haus
间	门	間	jiān	zwischen
路	足	路	lù	Weg, Straße

06 Orte

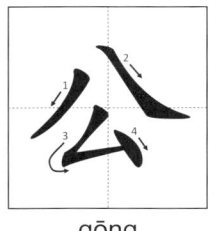

gōng
(öffentlich)

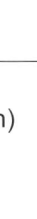

sī
(führen)

chǎng
(Platz)

06 Orte

jiào
(lehren)

shì
(Zimmer)

fáng
(Haus)

06 Orte

jiān
(zwischen)

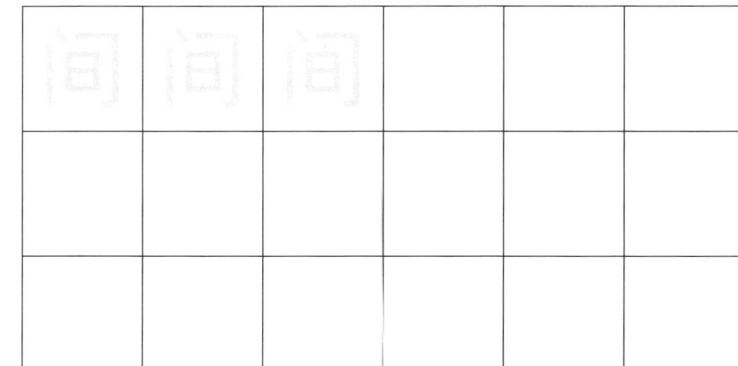

lù
(Weg, Straße)

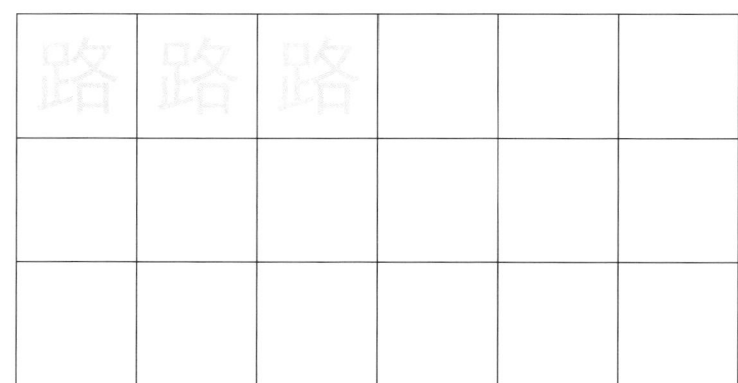

Vokabeln

Firma
(gōngsī)

eine Firma
(yì jiā gōngsī)

Computerfirma
(diànnǎo gōngsī)

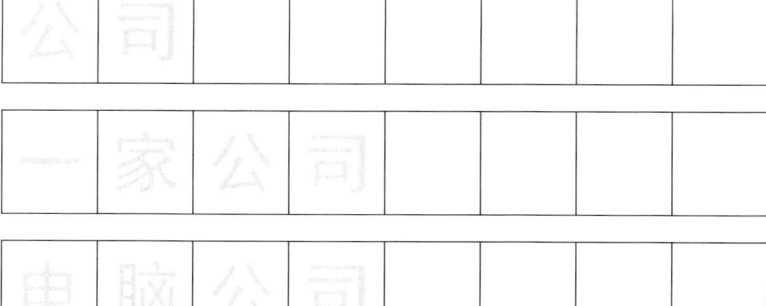

06 Orte

Flughafen	(jīchǎng)	机场
ein Flughafen	(yí ge jīchǎng)	一个机场
Klassenzimmer	(jiàoshì)	教室
zwei Klassenzimmer	(liǎng ge jiàoshì)	两个教室
das Klassenzimmer hier	(zhèli de jiàoshì)	这里的教室
Zimmer	(fángjiān)	房间
drei Zimmer	(sān ge fángjiān)	三个房间
Straße, Weg	(lù)	路
auf dem Weg sein	(zài lù shàng)	在路上

07 Lage- und Zeitangaben

Schriftzeichen für

Kurzzeichen	Radikal	Langzeichen	Pinyin	Bedeutung
左	工	左	zuǒ	links
右	口	右	yòu	rechts
边	辶	邊	biān	Seite, Rand
外	夕	外	wài	außen
旁	方	旁	páng	an der Seite
早	日	早	zǎo	früh
晚	日	晚	wǎn	spät
号	口	號	hào	Bezeichnung

07 Lage- und Zeitangaben

07 Lage- und Zeitangaben

wài
(außen)

páng
(an der Seite)

zǎo
(früh)

07 Lage- und Zeitangaben

wǎn
(spät)

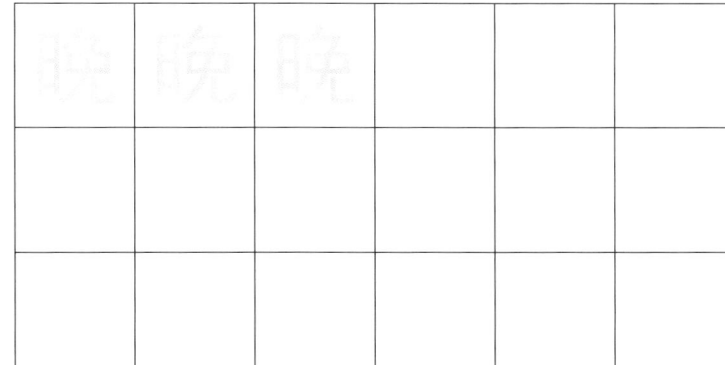

hào
(Bezeichnung)

Vokabeln

links
(zuǒbiān)

rechts
(yòubiān)

außen
(wài)

07 Lage- und Zeitangaben

neben
(pángbiān)

旁边

morgens, Morgen
(zǎoshàng)

早上

abends, Abend
(wǎnshàng)

晚上

Stunde
(xiǎoshí)

小时

Zeit
(shíjiān)

时间

Wie viel Zeit?
(duōshao shíjiān)

多少时间

Wie lange?
(duōcháng shíjiān)

多长时间

07 Lage- und Zeitangaben

Ich habe keine Zeit.
(Wǒ méiyǒu shíjiān)

我没有时间

eine Stunde lang
(yí ge xiǎoshí)

一个小时

vergangenes Jahr
(qùnián)

去年

Nummer
(hào)

号

Welches Datum?
(jǐ hào)

几号

der 9.
(jiǔ hào)

九号

Geburtstag
(shēngrì)

生日

Glückwunsch zum Geburtstag!
(Shēngrì kuàilè)

生日快乐

Schriftzeichen für

08 Mensch und Natur

Kurzzeichen	Radikal	Langzeichen	Pinyin	Bedeutung
雪	雨	雪	xuě	Schnee
颜	页	顏	yán	Gesicht
色	色	色	sè	Farbe
眼	目	眼	yǎn	Auge
睛	目	睛	jīng	Augapfel
身	身	身	shēn	Körper
体	亻	體	tǐ	Körperteil
姓	女	姓	xìng	Familienname
药	艹	藥	yào	Arznei

08 Mensch und Natur

xuě
(Schnee)

yán
(Gesicht)

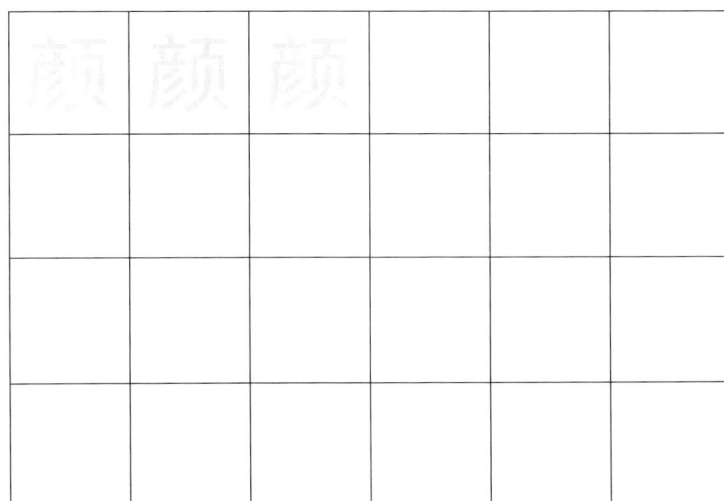

sè
(Farbe)

08 Mensch und Natur

yǎn
(Auge)

眼

jīng
(Augapfel)

睛

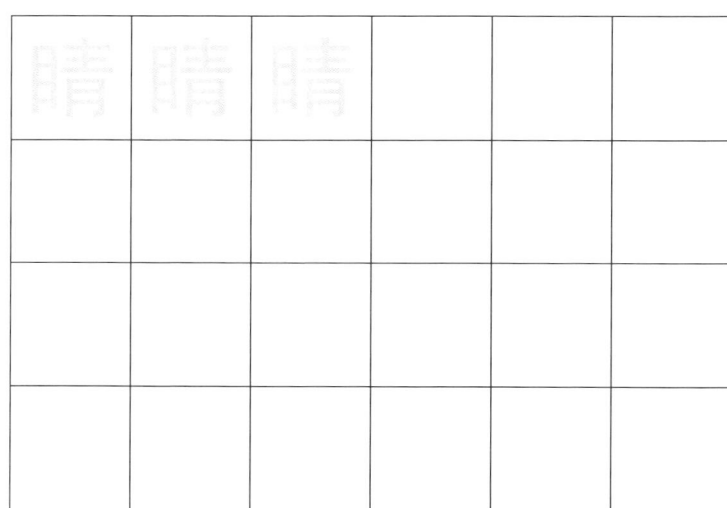

shēn
(Körper)

08 Mensch und Natur

tǐ
(Körperteil)

xìng
(Familienname)

yào
(Arznei)

08 Mensch und Natur

Vokabeln

Schnee
(xuě)

schneien
(xià xuě)

geschneit haben
(xiàle xuě)

Farbe
(yánsè)

Auge
(yǎnjing)

Körper
(shēntǐ)

Nachname
(xìng)

Arznei
(yào)

Schriftzeichen für

09 Verben (1)

Kurzzeichen	Radikal	Langzeichen	Pinyin	Bedeutung
觉	见	覺	jué (jiào)*)	empfinden
得	彳	得	dé	erhalten
知	矢	知	zhī	wissen
道	辶	道	dào	Weg
希	巾	希	xī	hoffen
望	王	望	wàng	blicken
可	口	可	kě	können
以	人	以	yǐ	mittels, durch
要	西	要	yào	wollen, sollen, müssen

*) Das Schriftzeichen „觉" hat zwei Sprechweisen und Bedeutungen:
    1. jiào, Schlaf
    2. jué, empfinden

09 Verben (1)

jué
(empfinden)

dé
(erhalten)

zhī
(wissen)

09 Verben (1)

dào
(Weg)

xī
(hoffen)

望
wàng
(blicken)

望

09 Verben (1)

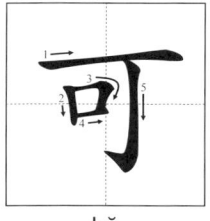

kě
(können)

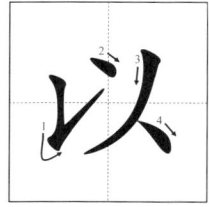

yǐ
(mittels, durch)

yào
(wollen, sollen, müssen)

09 Verben (1)

Vokabeln

fühlen, empfinden
(juéde)

觉得

wissen
(zhīdào)

知道

hoffen
(xīwàng)

希望

können, dürfen
(kěyǐ)

可以

wollen, sollen, müssen
(yào)

要

sein können
(kěnéng)

可能

Schriftzeichen für

10 Begriffe und Gegenstände (1)

Kurzzeichen	Radikal	Langzeichen	Pinyin	Bedeutung
自	自	自	zì	selbst
行	彳	行	xíng	sich fortbewegen
船	舟	船	chuán	Schiff
手	手	手	shǒu	Hand
表	一	表	biǎo	Tabelle
共	八	共	gòng	gemeinsam
汽	氵	汽	qì	Dampf
报	扌	報	bào	mitteilen
纸	纟	紙	zhǐ	Papier

10 Begriffe und Gegenstände (1)

zì
(selbst)

xíng (sich fortbe-
wegen)

chuán
(Schiff)

10 Begriffe und Gegenstände (1)

shǒu
(Hand)

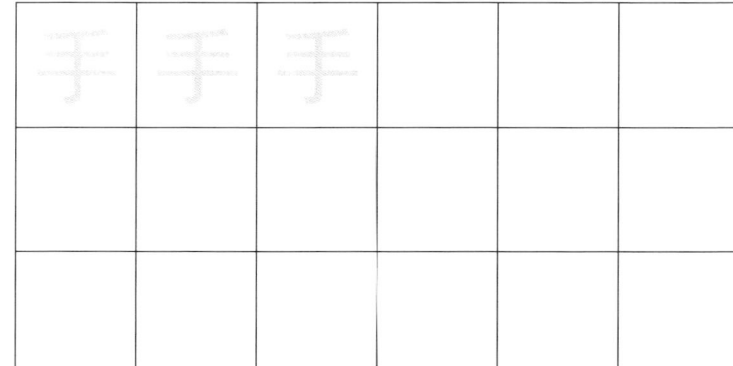

biǎo
(Tabelle)

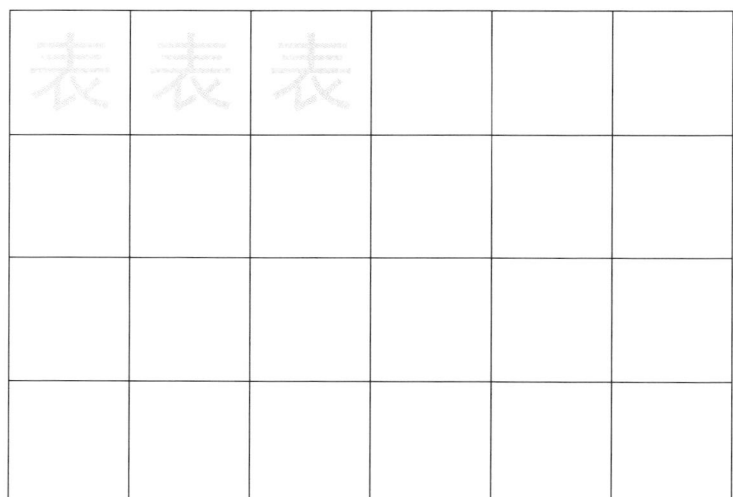

gòng
(gemeinsam)

10 Begriffe und Gegenstände (1)

qì
(Dampf)

bào
(mitteilen)

zhǐ
(Papier)

10 Begriffe und Gegenstände (1)

Vokabeln

Fahrrad
(zìxíngchē)

自行车

Schiff
(chuán)

船

Handy
(shǒujī)

手机

Armbanduhr
(shǒubiǎo)

手表

eine Armbanduhr
(yí kuài shǒubiǎo)

一块手表

Omnibus
(gōnggòngqìchē)

公共汽车

Zeitung
(bàozhǐ)

报纸

Schriftzeichen für

11 Verben (2)

Kurzzeichen	Radikal	Langzeichen	Pinyin	Bedeutung
卖	十	賣	mài	verkaufen
问	门	問	wèn	fragen
走	走	走	zǒu	gehen
进	辶	進	jìn	hineingehen
跑	足	跑	pǎo	laufen
步	止	步	bù	Schritt
到	至	到	dào	ankommen
穿	穴	穿	chuān	anziehen
洗	氵	洗	xǐ	waschen
给	纟	給	gěi	geben

11 Verben (2)

mài
(verkaufen)

wèn
(fragen)

zǒu
(gehen)

11 Verben (2)

jìn
(hineingehen)

pǎo
(laufen)

bù
(Schritt)

11 Verben (2)

dào
(ankommen)

chuān
(anziehen)

xǐ
(waschen)

11 Verben (2)

gěi
(geben)

Vokabeln

verkaufen
(mài)

fragen
(wèn)

gehen
(zǒu)

hineingehen
(jìn)

hinausgehen
(chū)

laufen
(pǎo bù)

11 Verben (2)

| gelaufen sein (pǎole bù) | 跑 | 了 | 步 | | | | |

| ankommen (dào) | 到 | | | | | | |

| in Peking ankommen (dào Běijīng) | 到 | 北 | 京 | | | | |

| anziehen (chuān) | 穿 | | | | | | |

| Kleidung anziehen (chuān yīfu) | 穿 | 衣 | 服 | | | | |

| waschen (xǐ) | 洗 | | | | | | |

| Hände waschen (xǐ shǒu) | 洗 | 手 | | | | | |

| geben (gěi) | 给 | | | | | | |

| mir geben (gěi wǒ) | 给 | 我 | | | | | |

| Er hat mir ein Buch gegeben haben. (Tā gěile wǒ yì běn shū) | 他 | 给 | 了 | 我 | 一 | 本 | 书 |

Schriftzeichen für

12 Begriffe und Gegenstände (2)

Kurzzeichen	Radikal	Langzeichen	Pinyin	Bedeutung
门	门	門	mén	Tür
题	页	題	tí	Thema
课	讠	課	kè	Unterricht
事	一	事	shì	Sache, Angelegenheit
情	忄	情	qíng	Gefühl
考	耂	考	kǎo	prüfen
试	讠	試	shì	probieren
票	示	票	piào	Karte
意	心	意	yì	Bedeutung
思	心	思	sī	denken

12 Begriffe und Gegenstände (2)

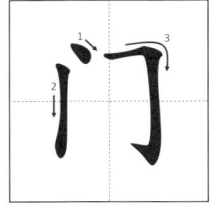
mén
(Tür)
门

tí
(Thema)
题

kè
(Unterricht)
课

12 Begriffe und Gegenstände (2)

shì
(Sache, Angele-
genheit)

qíng
(Gefühl)

kǎo
(prüfen)

12 Begriffe und Gegenstände (2)

shì
(probieren)

piào
(Karte)

yì
(Bedeutung)

12 Begriffe und Gegenstände (2)

sī
(denken)

Vokabeln

Tür
(mén)

Tür öffnen
(kāi mén)

die Tür geöffnet
haben
(kāile mén)

Thema
(tí)

Unterricht, Lektion
(kè)

Lektion 1
(dì-yī kè)

12 Begriffe und Gegenstände (2)

Frage
(wèntí)

问题

Angelegenheit
(shìqing)

事情

Prüfung
(kǎoshì)

考试

morgen Prüfung machen
(míngtiān yào kǎoshì)

明天要考试

(Eintritts-)Karte
(piào)

票

Eintrittskarte
(ménpiào)

门票

Bedeutung
(yìsi)

意思

13 Verben (3)

Kurzzeichen	Radikal	Langzeichen	Pinyin	Bedeutung
找	扌	找	zhǎo	suchen
懂	忄	懂	dǒng	verstehen
笑	竹	笑	xiào	lachen
答	竹	答	dá	antworten
告	口	告	gào	mitteilen
诉	讠	訴	sù	informieren
准	冫	準	zhǔn	genehmigen
备	夂	備	bèi	bereitstehen
始	女	始	shǐ	Beginn
介	人	介	jiè	zwischen
绍	纟	紹	shào	fortsetzen

13 Verben (3)

zhǎo
(suchen)

dǒng
(verstehen)

xiào
(lachen)

13 Verben (3)

dá
(antworten)

gào
(mitteilen)

sù
(informieren)

13 Verben (3)

zhǔn
(genehmigen)

bèi
(bereitstehen)

shǐ
(Beginn)

13 Verben (3)

jiè
(zwischen)

shào
(fortsetzen)

Vokabeln

suchen
(zhǎo)

eine Sache suchen
(zhǎo dōngxi)

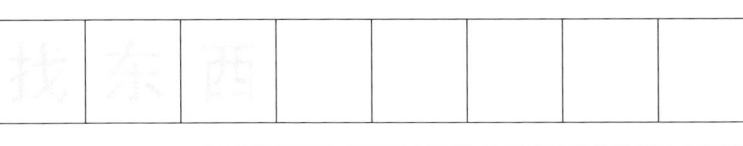

Wen suchst du?
(Nǐ zhǎo shuí)

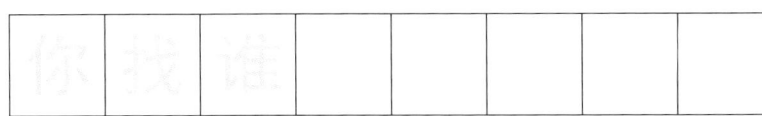

13 Verben (3)

verstehen (dǒng)	懂
Ich verstehe dich. (Wǒ dǒng nǐ de yìsi)	我懂你的意思
lachen (xiào)	笑
über ihn lachen (xiào tā)	笑他
(be)antworten (huídá)	回答
die Frage beantwortet haben (huídále wèntí)	回答了问题
sagen, mitteilen (gàosu)	告诉
ihm mitgeteilt haben (gàosule tā)	告诉了他

13 Verben (3)

vorbereiten	(zhǔnbèi)	准备
die Arbeit vorbereitet haben	(zhǔnbèile gōngzuò)	准备了工作
beginnen	(kāishǐ)	开始
Der Film hat begonnen.	(Diànyǐng kāishǐle)	电影开始了
mit der Arbeit beginnen	(kāishǐ gōngzuò)	开始工作
vorstellen	(jièshào)	介绍
sich selbst vorstellen	(zìwǒ jièshào)	自我介绍
einen Freund vorstellen	(jièshào péngyou)	介绍朋友
eine Arbeit vermitteln	(jièshào gōngzuò)	介绍工作

Schriftzeichen für

14 Adverbien

Kurzzeichen	Radikal	Langzeichen	Pinyin	Bedeutung
别	刂	別	bié	nicht tun
非	丨	非	fēi	nicht entsprechen
常	巾	常	cháng	üblich
也	乛	也	yě	auch
还	辶	還	hái	noch
真	十	真	zhēn	echt
正	止	正	zhèng	gerade, aufrecht
已	已	已	yǐ	enden
经	纟	經	jīng	führen
再	一	再	zài	wieder
就	尤	就	jiù	bald

14 Adverbien

bié
(nicht tun)

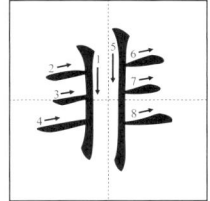

fēi (nicht entsprechen)

cháng
(üblich)

14 Adverbien

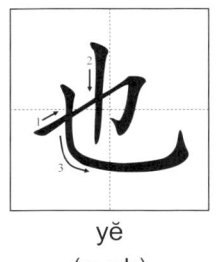

yě
(auch)

也

hái
(noch)

还

zhēn
(echt)

14 Adverbien

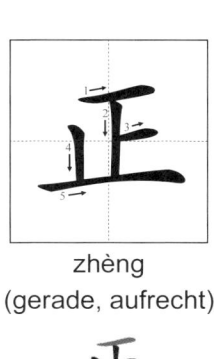

zhèng
(gerade, aufrecht)

正

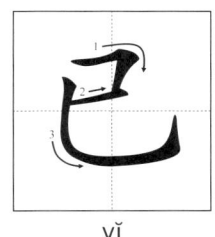

yǐ
(enden)

已

jīng
(führen)

14 Adverbien

zài
(wieder)

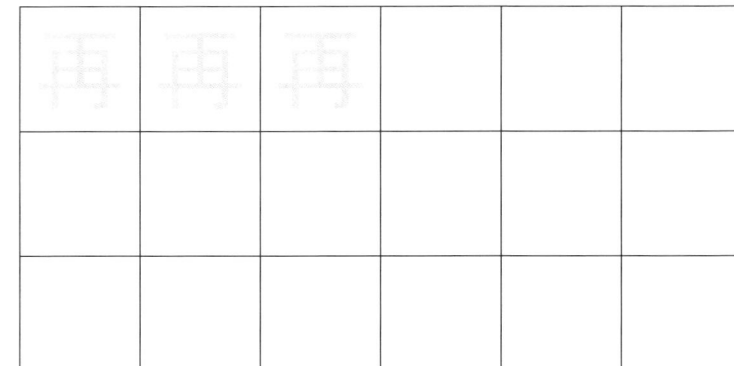

jiù
(bald)

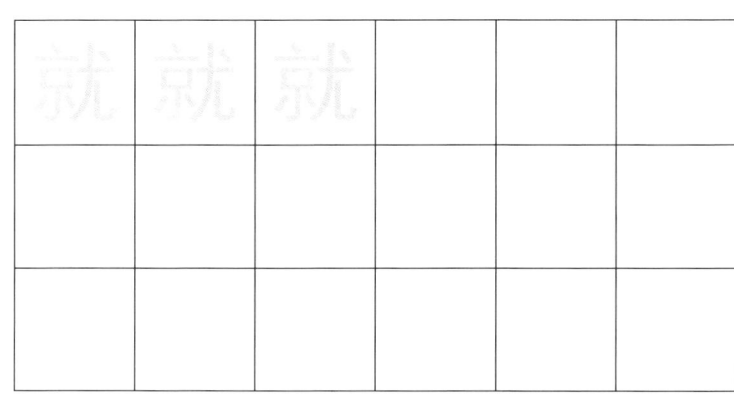

Vokabeln und Anwendungsbeispiele

nicht
(bié)

nicht weggehen
(bié zǒu)

außerordentlich
(fēicháng)

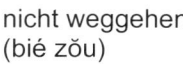

14 Adverbien

Er ist ein außerordentlich guter Vater.
(Tā shì fēicháng hǎo de bàba)

他是非常好的爸爸

auch
(yě)

也

Ich komme auch.
(Wǒ yě lái)

我也来

noch
(hái)

还

Er hat noch nicht gefragt.
(Tā hái méi wèn)

他还没问

echt
(zhēn)

真

echt gut
(zhēn hǎo)

真好

soeben
(zhèngzài)

正在

Er isst soeben.
(Tā zhèngzài chī fàn)

他正在吃饭

14 Adverbien

schon
(yǐjīng)

已经

Er hat schon Wasser getrunken.
(Tā yǐjīng hēle shuǐ)

他已经喝了水

zusammen
(yìqǐ)

一起

Wir gehen zusammen.
(Wǒmen yìqǐ zǒu)

我们一起走

wieder
(zài)

再

Bitte komm wieder.
(Qǐng zài lái)

请再来

bald, sofort
(jiù)

就

Sobald er gegessen hat, wird er sofort lernen.
(Tā chīle fàn, jiù xuéxí)

他吃了饭就学习

Schriftzeichen für

15 Verben (4)

Kurzzeichen	Radikal	Langzeichen	Pinyin	Bedeutung
帮	巾	幫	bāng	helfen
助	力	助	zhù	unterstützen
玩	王	玩	wán	spielen
送	辶	送	sòng	schenken
等	竹	等	děng	warten
让	讠	讓	ràng	lassen, nachgeben
床	广	床	chuáng	Bett
唱	口	唱	chàng	singen
歌	欠	歌	gē	Lied
跳	足	跳	tiào	springen
舞	丿	舞	wǔ	Tanz

15 Verben (4)

bāng
(helfen)

帮

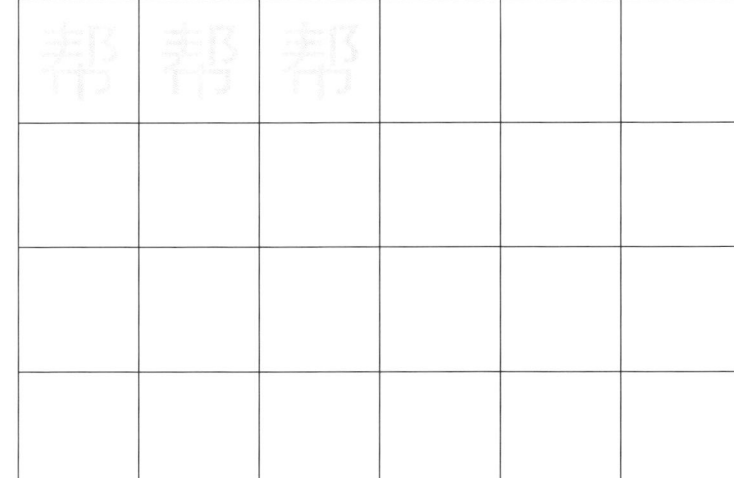

zhù
(unterstützen)

助

wán
(spielen)

玩

15 Verben (4)

sòng
(schenken)

děng
(warten)

ràng (nachgeben, lassen)

15 Verben (4)

chuáng
(Bett)

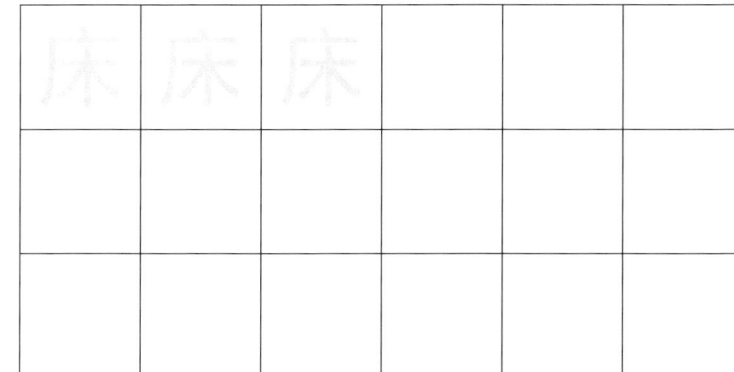

chàng
(singen)

gē
(Lied)

15 Verben (4)

tiào
(springen)

wǔ
(Tanz)

Vokabeln

helfen; Hilfe
(bāngzhù)

ihr geholfen haben
(bāngzhùle tā)

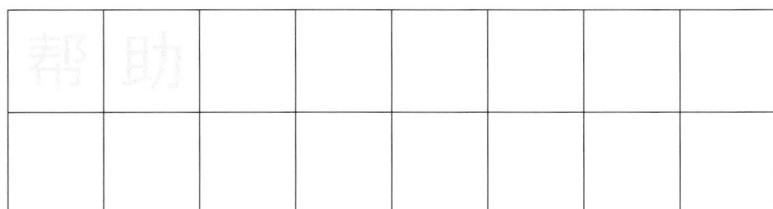

15 Verben (4)

| Danke für deine Hilfe! (Xièxie nǐ de bāngzhù) | 谢 | 谢 | 你 | 的 | 帮 | 助 | |

| spielen (wán) | 玩 | | | | | | |

| mit kleinen Flugzeugen spielen (wán xiǎo fēijī) | 玩 | 小 | 飞 | 机 | | | |

| schenken, senden (sòng) | 送 | | | | | | |

| Ich schenke dir ein Buch. (Wǒ sòng nǐ yì běn shū) | 我 | 送 | 你 | 一 | 本 | 书 | |

| Ich bringe dich nach Hause. (Wǒ sòng nǐ huí jiā) | 我 | 送 | 你 | 回 | 家 | | |

| warten (děng) | 等 | | | | | | |

15 Verben (4)

Ich warte auf dich.
(Wǒ děng nǐ)

我 等 你

lassen
(ràng)

让

vom Bett aufstehen
(qǐ chuáng)

起 床

vom Bett aufgestanden sein
(qǐle chuáng)

起 了 床

Lied singen
(chàng gē)

唱 歌

Lied gesungen haben
(chàngle gē)

唱 了 歌

tanzen
(tiào wǔ)

跳 舞

getanzt haben
(tiàole wǔ)

跳 了 舞

97

Schriftzeichen für

16 Grammatikpartikel

Kurzzeichen	Radikal	Langzeichen	Pinyin	Bedeutung
最	日	最	zuì	Superlativpartikel
得	彳	得	de	Verknüpfung für Verben
着	羊	着	zhe	Partikel für durativen Aspekt
过	辶	過	guo	Vergangenheitspartikel
吧	口	吧	ba	Vermutungspartikel

zuì (Superlativpartikel)

16 Grammatikpartikel

de (Verknüpfung für Verben)

zhe (Partikel für durativen Aspekt)

guo (Partikel für Vergangenheit)

16 Grammatikpartikel

ba (Vermutungs-
partikel)

Anwendung der Grammatikpartikel

am kleinsten
(zuì xiǎo)

am teuersten
(zuì guì)

am höchsten
(zuì gāo)

richtig gemacht
(zuò de duì)

gut gesprochen
(shuō de hǎo)

16 Grammatikpartikel

| lächelnd (xiàozhe) | 笑 | 着 | | | | | |

| lächelnd sagen (xiàozhe shuō) | 笑 | 着 | 说 | | | | |

| die Zeitung lesend (kànzhe bàozhǐ) | 看 | 着 | 报 | 纸 | | | |

| schon mal gelernt haben (xuéguo) | 学 | 过 | | | | | |

| schon mal Kaffee getrunken haben (hēguo kāfēi) | 喝 | 过 | 咖 | 啡 | | | |

| Du bist vermutlich Lehrer? (Nǐ shì lǎoshī ba) | 你 | 是 | 老 | 师 | 吧 | | |

| Er ist vermutlich in der Firma? (Tā zài gōngsī ba) | 他 | 在 | 公 | 司 | 吧 | | |

Schriftzeichen für

17 Verben (5)

Kurzzeichen	Radikal	Langzeichen	Pinyin	Bedeutung
旅	方	旅	lǚ	reisen
游	氵	游	yóu	herumfahren
班	王	班	bān	Schicht
病	疒	病	bìng	krank sein
休	亻	休	xiū	ausruhen
息	心	息	xī	atmen
运	辶	運	yùn	transportieren
动	力	動	dòng	sich bewegen
泳	氵	泳	yǒng	Schwimmen
踢	足	踢	tī	kicken
完	宀	完	wán	fertig sein

17 Verben (5)

lǚ
(reisen)

yóu
(herumfahren)

bān
(Schicht)

17 Verben (5)

bìng
(krank sein)

xiū
(ausruhen)

xī
(atmen)

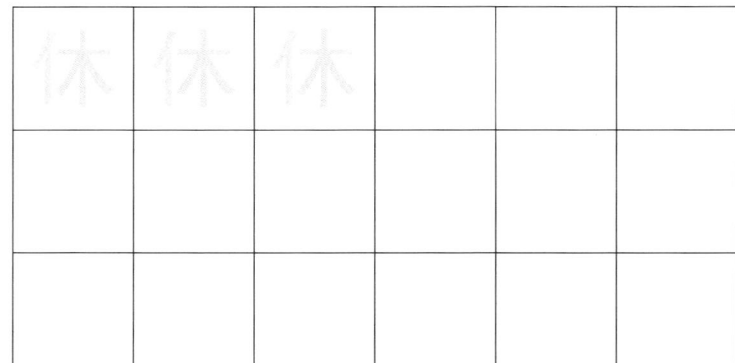

17 Verben (5)

yùn
(transportieren)

dòng
(sich bewegen)

yǒng
(Schwimmen)

17 Verben (5)

tī
(kicken)

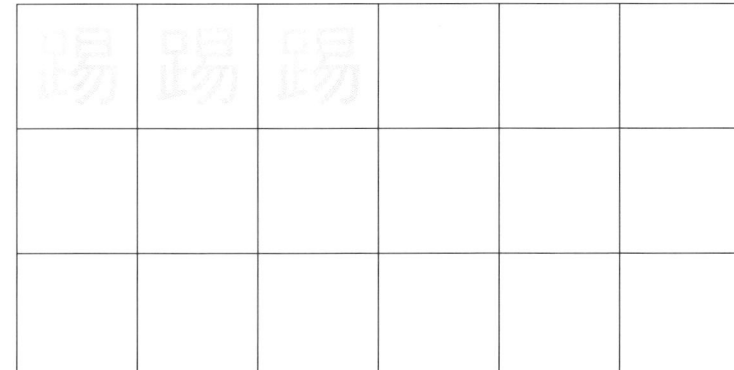

wán
(fertig sein)

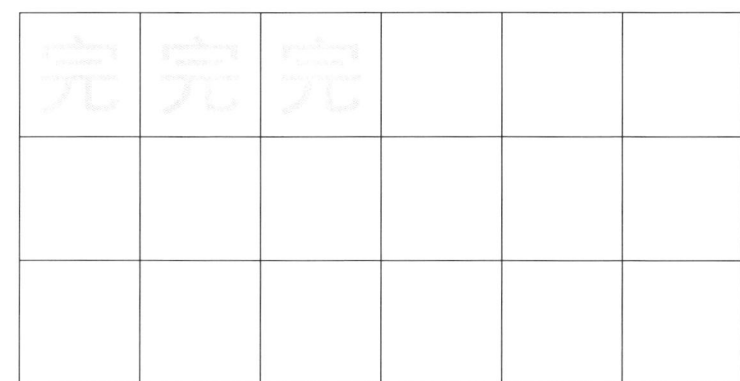

Vokabeln

herumreisen
(lǚyóu)

herumgereist sein
(lǚyóule)

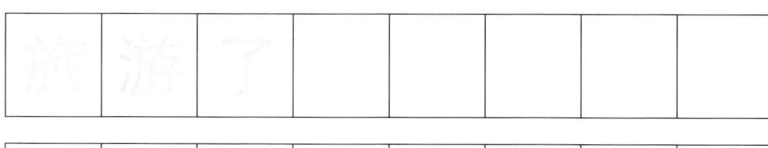

Dienst haben
(shàng bān)

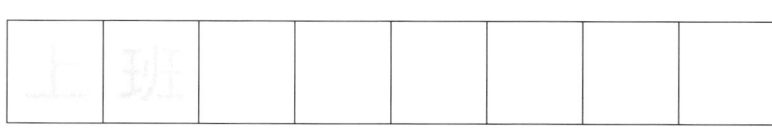

17 Verben (5)

Dienst gehabt haben	(shàngle bān)	上了班
erkranken	(shēng bìng)	生病
erkrankt sein	(shēngle bìng)	生了病
Pause machen	(xiūxi)	休息
Pause gemacht haben	(xiūxile)	休息了
Sport machen	(yùndòng)	运动
Sport gemacht haben	(yùndòngle)	运动了
schwimmen	(yóu yǒng)	游泳
geschwommen sein	(yóule yǒng)	游了泳
kicken	(tī)	踢
fertig sein	(wán)	完

18 Konjunktionen und Präpositionen

Kurzzeichen	Radikal	Langzeichen	Pinyin	Bedeutung
因	口	因	yīn	aufgrund
所	斤	所	suǒ	Ort
但	亻	但	dàn	aber
从	人	從	cóng	von
比	比	比	bǐ	vergleichen
向	丿	向	xiàng	in Richtung
离	亠	離	lí	entfernt

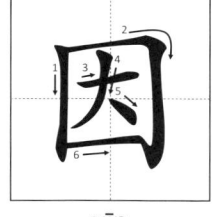

yīn
(aufgrund)

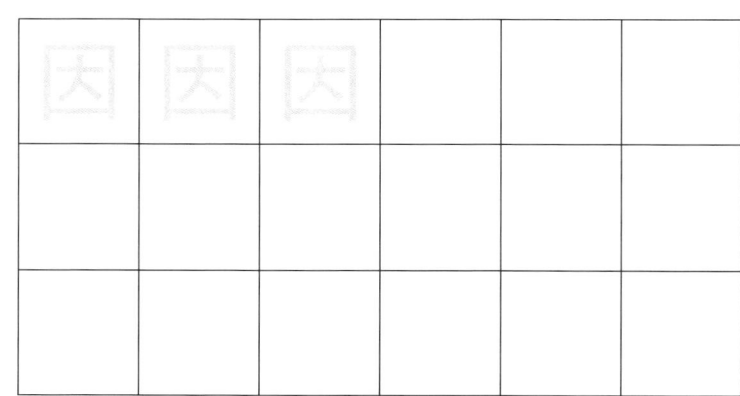

18 Konjunktionen und Präpositionen

suǒ
(Ort)

dàn
(aber)

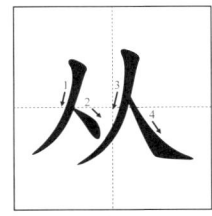
cóng
(von)
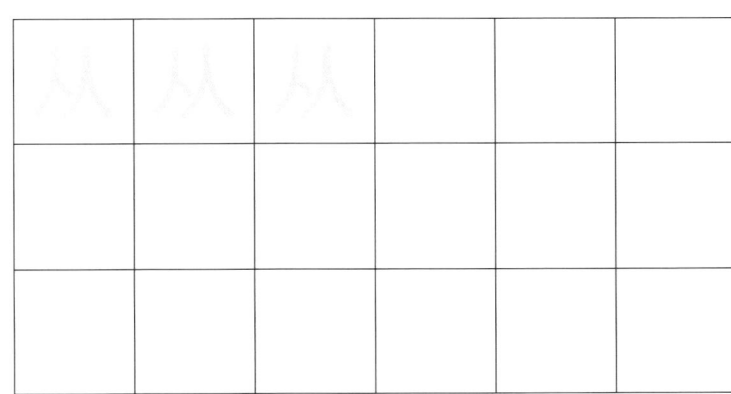

18 Konjunktionen und Präpositionen

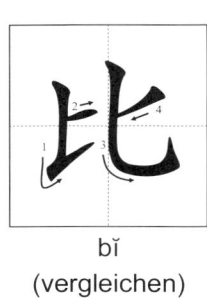
bǐ
(vergleichen)

比

xiàng
(in Richtung)

lí
(entfernt)

离

18 Konjunktionen und Präpositionen

Vokabeln

weil
(yīnwéi) — 因为

deshalb
(suǒyǐ) — 所以

aber
(dànshì) — 但是

von
(cóng) — 从

Sie kommt aus China.
(Tā cóng Zhōngguó lái) — 她从中国来

zu
(duì) — 对

Sie spricht zu mir.
(Tā duì wǒ shuō) — 她对我说

vergleichen
(bǐ) — 比

Er ist größer als ich.
(Tā bǐ wǒ gāo) — 他比我高

18 Konjunktionen und Präpositionen

Ihr sollt euch nicht vergleichen!
(Nǐmen bú yào bǐ)
你们不要比

nach, in Richtung
(xiàng)
向

nach links schauen
(xiàng zuǒ kàn)
向左看

nach rechts gehen
(xiàng yòu zǒu)
向右走

(von…) entfernt
(lí)
离

vom Krankenhaus sehr nah
(lí yīyuàn hěn jìn)
离医院很近

vom Flughafen sehr weit
(lí jīchǎng hěn yuǎn)
离机场很远

Schriftzeichen für

19 Floskeln und Ausdrücke

Kurzzeichen	Radikal	Langzeichen	Pinyin	Bedeutung
迎	辶	迎	yíng	empfangen
足	足	足	zú	Fuß
球	王	球	qiú	Ball
籃	竹	籃	lán	Korb

yíng
(empfangen)

19 Floskeln und Ausdrücke

zú
(Fuß)

足

qiú
(Ball)

球

lán
(Korb)

篮

Vokabeln

willkommen heißen
(huānyíng)

Willkommen in China!
(Huānyíng lái Zhōngguó)

Fußball spielen
(tī zúqiú)

Fußball fertig gespielt haben
(tī wánle zúqiú)

Basketball spielen
(dǎ lánqiú)

Basketball fertig gespielt haben
(dǎ wánle lánqiú)

Schriftzeichen für

20 Zähleinheitswörter

Kurzzeichen	Radikal	Langzeichen	Pinyin	Bedeutung
次	欠	次	cì	Mal
斤	斤	斤	jīn	chinesische Gewichts-einheit
元	二	元	yuán	Yuan
张	弓	張	zhāng	ZEW dünne flache Dinge
件	亻	件	jiàn	Dokument

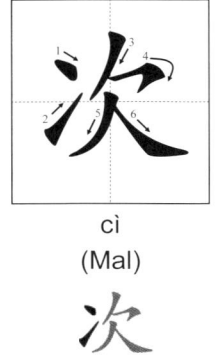

cì
(Mal)

次

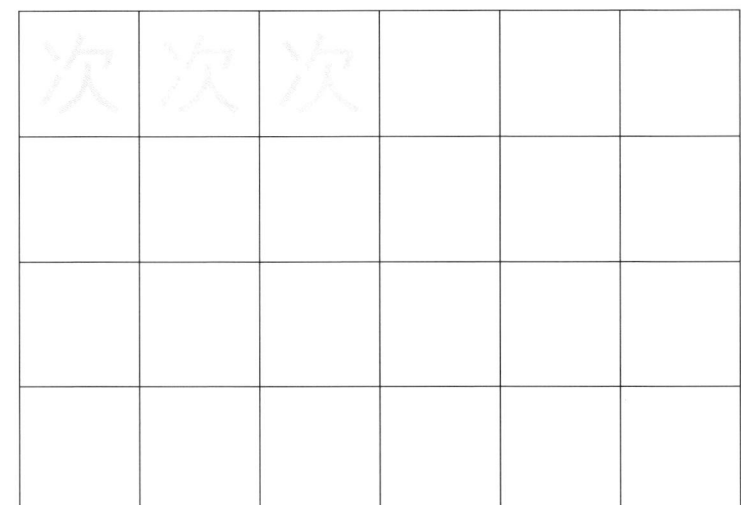

20 Zähleinheitswörter

jīn
(Gewichtseinheit)

yuán
(Yuan)

zhāng
(ZEW dünne flache Dinge)

20 Zähleinheitswörter

jiàn
(Dokument)

Vokabeln

Mal
(cì)

zweimal
(liǎng cì)

Ich war zweimal in China.
(Wǒ qùle liǎng cì Zhōngguó)

zweites Mal
(dì-èr cì)

Kilogramm
(gōngjīn)

ein Kilogramm
(yì gōngjīn)

20 Zähleinheitswörter

zwei Kilogramm Fleisch
(liǎng gōngjīn ròu)

Yuan
(yuán)

100 Yuan
(yìbǎi yuán)

200 Yuan
(liǎngbǎi yuán)

ZEW Kleidung
(jiàn)

zwei Kleidungsstücke
(liǎng jiàn yīfu)

diese Angelegenheit
(zhè jiàn shìqing)

ZEW flache dünne Dinge
(zhāng)

vier Karten
(sì zhāng piào)

diese Zeitung
(zhè zhāng bàozhǐ)

Anhang A: Chinesische Schriftzeichen

Der Anhang A listet alle Schriftzeichen dieses Buchs in alphabetischer Reihenfolge auf. Die Liste enthält das Pinyin, das Schriftzeichen selbst, die deutsche Bedeutung und das Kapitel (K), in dem ein Zeichen zum ersten Mal aufgeführt ist.

	拼音	字	英语	K
	B			
1.	ba	吧	Vermutungspartikel	16
2.	bái	白	weiß	02
3.	bǎi	百	hundert	01
4.	bān	班	Schicht	17
5.	bāng	帮	helfen	15
6.	bào	报	mitteilen	10
7.	bèi	备	bereitstehen	13
8.	bǐ	比	vergleichen	18
9.	biān	边	Seite, Rand	07
10.	biǎo	表	Tabelle	10
11.	bié	别	nicht tun	14
12.	bìng	病	krank sein	17
13.	bù	步	Schritt	11
	C			
14.	cháng	长	lang	03
15.	cháng	常	üblich	14
16.	chàng	唱	singen	15
17.	chǎng	场	Platz	06
18.	chuán	船	Schiff	10
19.	chuān	穿	anziehen	11
20.	chuáng	床	Bett	15
21.	cì	次	Mal	20

	拼音	字	英语	K
22.	cóng	从	von	18
23.	cuò	错	falsch	03
	D			
24.	dá	答	antworten	13
25.	dàn	蛋	Ei	04
26.	dàn	但	aber	18
27.	dào	道	Weg	09
28.	dào	到	ankommen	11
29.	de	得	Verknüpfung Verben	16
30.	dé	得	erhalten	09
31.	děng	等	warten	15
32.	dì	第	Ordnungszahl	01
33.	dì	弟	jüngerer Bruder	05
34.	dòng	动	sich bewegen	17
35.	dǒng	懂	verstehen	13
	F			
36.	fáng	房	Haus	06
37.	fēi	啡	Lautzeichen „fei"	04
38.	fēi	非	nicht entsprechen	14
39.	fū	夫	Ehemann	05
	G			
40.	gào	告	mitteilen	13
41.	gē	哥	älterer Bruder	05

Anhang A: Chinesische Schriftzeichen

	拼音	字	英语	K
42.	gē	歌	Lied	15
43.	gěi	给	geben	11
44.	gòng	共	gemeinsam	10
45.	gōng	公	öffentlich	06
46.	guā	瓜	Gurke, Melone	04
47.	guì	贵	teuer	03
48.	guo	过	Vergangenheitspart.	16
H				
49.	hái	孩	Kind	05
50.	hái	还	noch	14
51.	hào	号	Bezeichnung	07
52.	hēi	黑	schwarz	02
53.	hóng	红	rot	02
J				
54.	jī	鸡	Huhn	04
55.	jiàn	件	Dokument	20
56.	jiān	间	zwischen	06
57.	jiào	教	lehren	06
58.	jiào	觉	Schlaf	09
59.	jiè	介	zwischen	13
60.	jìn	近	nah	02
61.	jìn	进	hineingehen	11
62.	jīn	斤	Gewichtseinheit	20
63.	jīng	睛	Augapfel	08
64.	jīng	经	führen	14
65.	jiù	就	bald	14
66.	jué	觉	empfinden	09
K				
67.	kā	咖	Lautzeichen „ka"	04

	拼音	字	英语	K
68.	kǎo	考	prüfen	12
69.	kè	课	Unterricht	12
70.	kě	可	können	09
71.	kuài	快	schnell	02
L				
72.	lán	篮	Korb	19
73.	lè	乐	Freude	03
74.	lèi	累	müde, erschöpft	03
75.	lí	离	entfernt	18
76.	liǎng	两	zwei	01
77.	lù	路	Weg, Straße	06
78.	lǚ	旅	reisen	17
M				
79.	mài	卖	verkaufen	11
80.	màn	慢	langsam	02
81.	máng	忙	beschäftigt	03
82.	mèi	妹	jüngere Schwester	05
83.	měi	每	jeder	01
84.	mén	门	Tür	12
N				
85.	nǎi	奶	Milch	04
86.	nán	男	männlich, Mann	05
87.	nín	您	Sie	01
88.	niú	牛	Rind	04
P				
89.	páng	旁	an der Seite	07
90.	pǎo	跑	laufen	11
91.	pián	便	günstig	03
92.	piào	票	Karte	12

Anhang A: Chinesische Schriftzeichen

#	拼音	字	英语	K
	Q			
93.	qì	汽	Dampf	10
94.	qī	妻	Ehefrau	05
95.	qiān	千	tausend	01
96.	qíng	晴	heiter	02
97.	qíng	情	Gefühl	12
98.	qiú	球	Ball	19
	R			
99.	ràng	让	lassen, nachgeben	15
100.	ròu	肉	Fleisch	04
	S			
101.	sè	色	Farbe	08
102.	shào	绍	fortsetzen	13
103.	shēn	身	Körper	08
104.	shì	室	Zimmer	06
105.	shì	事	Sache	12
106.	shì	试	probieren	12
107.	shǐ	始	Beginn	13
108.	shǒu	手	Hand	10
109.	sī	司	führen	06
110.	sī	思	denken	12
111.	sòng	送	schenken	15
112.	sù	诉	informieren	13
113.	suǒ	所	Ort	18
	T			
114.	tā	它	es	01
115.	tí	题	Thema	12
116.	tǐ	体	Körperteil	08
117.	tī	踢	kicken	17
118.	tiào	跳	springen	15
	W			
119.	wài	外	außen	07
120.	wán	玩	spielen	15
121.	wán	完	fertig sein	17
122.	wǎn	晚	spät	07
123.	wàng	望	blicken	09
124.	wéi	为	für	01
125.	wèi	为	für	01
126.	wèn	问	fragen	11
127.	wù	务	Angelegenheit	05
128.	wǔ	舞	Tanz	15
	X			
129.	xǐ	洗	waschen	11
130.	xī	希	hoffen	09
131.	xī	息	atmen	17
132.	xiàng	向	in Richtung	18
133.	xiào	笑	lachen	13
134.	xīn	新	neu	03
135.	xíng	行	sich fortbewegen	10
136.	xìng	姓	Familienname	08
137.	xiū	休	ausruhen	17
138.	xuě	雪	Schnee	08
	Y			
139.	yán	颜	Gesicht	08
140.	yǎn	眼	Auge	08
141.	yáng	羊	Schaf	04
142.	yào	药	Arznei	08
143.	yào	要	wollen, müssen	09

	拼音	字	英语	K
144.	yě	也	auch	14
145.	yí	宜	geeignet	03
146.	yì	意	Bedeutung	12
147.	yǐ	以	mittels, durch	09
148.	yǐ	已	enden	14
149.	yīn	阴	trüb	02
150.	yīn	因	aufgrund	18
151.	yíng	迎	empfangen	19
152.	yǒng	泳	Schwimmen	17
153.	yóu	游	herumfahren	17
154.	yòu	右	rechts	07
155.	yú	鱼	Fisch	04
156.	yuán	员	Beschäftigter	05
157.	yuán	元	Yuan	20
158.	yuǎn	远	fern	02
159.	yùn	运	transportieren	17

Z

	拼音	字	英语	K
160.	zài	再	wieder	14
161.	zǎo	早	früh	07
162.	zhàng	丈	vermessen	05
163.	zhāng	张	ZEW (dünn u. flach)	20
164.	zhǎo	找	suchen	13
165.	zhe	着	Durativpartikel	16
166.	zhēn	真	echt	14
167.	zhèng	正	gerade, aufrecht	14
168.	zhǐ	纸	Papier	10
169.	zhī	知	wissen	09
170.	zhù	助	unterstützen	15
171.	zhǔn	准	genehmigen	13
172.	zì	自	selbst	10
173.	zǒu	走	gehen	11
174.	zú	足	Fuß	19
175.	zuì	最	Superlativpartikel	16
176.	zuǒ	左	links	07

Anhang B: Lerninhalt des HSK 2

1. 名词 – Substantive (115 Stück)

(1) jiā 家   xuéxiào 学校   fànguǎn 饭馆   shāngdiàn 商店   yīyuàn 医院   Zhōngguó 中国
Běijīng 北京   gōngsī 公司   jīchǎng 机场   jiàoshì 教室   fángjiān 房间   lù 路
huǒchēzhàn 火车站

(2) shàng 上   xià 下   qiánmiàn 前面   hòumiàn 后面   lǐ 里   zuǒbiān 左边
yòubiān 右边   wài 外   pángbiān 旁边

(3) jīntiān 今天   míngtiān 明天   zuótiān 昨天   shàngwǔ 上午   zhōngwǔ 中午   xiàwǔ 下午
nián 年   yuè 月   rì 日   xīngqī 星期   diǎn 点   xiànzài 现在
shíhou 时候   fēnzhōng 分钟   zǎoshàng 早上   wǎnshàng 晚上   xiǎoshí 小时   shíjiān 时间
qùnián 去年   hào 号   shēngrì 生日

(4) bàba 爸爸   māma 妈妈   érzi 儿子   nǚ'ér 女儿   lǎoshī 老师   xuésheng 学生
tóngxué 同学   péngyou 朋友   yīshēng 医生   xiānsheng 先生   xiǎojie 小姐   gēge 哥哥
jiějie 姐姐   dìdi 弟弟   mèimei 妹妹   zhàngfu 丈夫   qīzi 妻子   háizi 孩子
nánrén 男人   nǚrén 女人   fúwùyuán 服务员

(5) | yīfu | shuǐ | cài | mǐfàn | shuǐguǒ | píngguǒ
衣服 | 水 | 菜 | 米饭 | 水果 | 苹果

chá | bēizi | qián | fēijī | chūzūchē | diànshì
茶 | 杯子 | 钱 | 飞机 | 出租车 | 电视

diànnǎo | diànyǐng | tiānqì | māo | gǒu | dōngxi
电脑 | 电影 | 天气 | 猫 | 狗 | 东西

yú | yángròu | niúnǎi | jīdàn | xīguā | kāfēi
鱼 | 羊肉 | 牛奶 | 鸡蛋 | 西瓜 | 咖啡

zìxíngchē | chuán | xuě | yào | shǒujī | shǒubiǎo
自行车 | 船 | 雪 | 药 | 手机 | 手表

yǎnjing | shēntǐ | bàozhǐ | gōnggòngqìchē
眼睛 | 身体 | 报纸 | 公共汽车

(6) rén | míngzi | shū | Hànyǔ | zì | zhuōzi
人 | 名字 | 书 | 汉语 | 字 | 桌子

yǐzi | mén | tí | kè | xìng | wèntí
椅子 | 门 | 题 | 课 | 姓 | 问题

shìqing | kǎoshì | piào | yìsi | yánsè
事情 | 考试 | 票 | 意思 | 颜色

2. 动词 – Verben (78 Stück)

(1) xièxie | bú kèqi | zàijiàn | qǐng | duìbuqǐ | méi guānxi
谢谢 | 不客气 | 再见 | 请 | 对不起 | 没关系

huānyíng
欢迎

(2) shì | yǒu
是 | 有

(3) (a) kàn | tīng | shuō huà | dú | xiě | kànjiàn
看 | 听 | 说话 | 读 | 写 | 看见

jiào | lái | huí | qù | chī | hē
叫 | 来 | 回 | 去 | 吃 | 喝

shuì jiào | dǎ diànhuà | zuò | mǎi | mài | kāi
睡觉 | 打电话 | 做 | 买 | 卖 | 开

Anhang B: Lerninhalt des HSK 2

(3) (b)

zuò	zhù	xuéxí	gōngzuò	xià yǔ	wèn
坐	住	学习	工作	下雨	问
zǒu	jìn	chū	pǎo bù	dào	chuān
走	进	出	跑步	到	穿
xǐ	gěi	zhǎo	dǒng	xiào	huídá
洗	给	找	懂	笑	回答
gàosu	zhǔnbèi	kāishǐ	jièshào	bāngzhù	wán
告诉	准备	开始	介绍	帮助	玩
sòng	děng	ràng	qǐ chuáng	chàng gē	tiào wǔ
送	等	让	起床	唱歌	跳舞
lǚyóu	shàng bān	shēng bìng	xiūxi	yùndòng	yóu yǒng
旅游	上班	生病	休息	运动	游泳
tī zúqiú	dǎ lánqiú	wán			
踢足球	打篮球	完			

(4)

ài	xǐhuan	xiǎng	rènshi	juéde	zhīdào
爱	喜欢	想	认识	觉得	知道
xīwàng					
希望					

(5)

huì	néng	kěyǐ	yào	kěnéng
会	能	可以	要	可能

3. 形容词 – Adjektive (28 Stück)

hǎo	dà	xiǎo	duō	shǎo	gāoxìng
好	大	小	多	少	高兴
lěng	rè	piàoliang	gāo	hóng	bái
冷	热	漂亮	高	红	白
hēi	máng	kuài	màn	yuǎn	jìn
黑	忙	快	慢	远	近
hǎochī	lèi	cháng	xīn	guì	piányi
好吃	累	长	新	贵	便宜
qíng	yīn	cuò	kuàilè		
晴	阴	错	快乐		

4. 代词 – Pronomen (19 Stück)

wǒ	nǐ	tā	tā	wǒmen	nǐmen
我	你	他	她	我们	(你们)
tāmen	tāmen	zhè	zhèr	nà	nàr
(他们)	(她们)	这	(这儿)	那	(那儿)
shuí	nǎ	nǎr	shénme	duōshao	jǐ
谁	哪	(哪儿)	什么	多少	几
zěnme	zěnmeyàng	nín	tā	dàjiā	měi
怎么	怎么样	您	它	大家	每
wèi shénme					
为什么					

5. 数词 – Zahlen (15 Stück)

yī	èr	sān	sì	wǔ	liù
一	二	三	四	五	六
qī	bā	jiǔ	shí	líng	liǎng
七	八	九	十	零	两
bǎi	qiān	dì-yī			
百	千	第一			

6. 量词 – Zähleinheitswörter (10 Stück)

gè	suì	běn	xiē	kuài	cì
个	岁	本	些	块	次
gōngjīn	yuán	jiàn	zhāng		
公斤	元	件	张		

7. 副词 – Adverbien (16 Stück)

bù	méi	hěn	tài	dōu	bié
不	没	很	太	都	别
fēicháng	yě	hái	zuì	zhēn	zhèngzài
非常	也	还	最	真	正在
yǐjīng	yìqǐ	zài	jiù		
已经	一起	再	就		

8. 连词 – Konjunktionen (4 Stück)

hé	yīnwéi	suǒyǐ	dànshì
和	因为	所以	但是

9. 介词 – Präpositionen (6 Stück)

zài	cóng	duì	bǐ	xiàng	lí
在	从	对	比	向	离

10. 助词 – Hilfswörter (8 Stück)

de	le	ma	ne	de	zhe
的	了	吗	呢	得	着
guo	ba				
过	吧				

11. 叹词 – Aufrufswörter (1 Stück)

wèi (wéi)
喂

Anhang C: Alphabetische Wörterliste

B

ba, 吧, Vermutungs-
  partikel.................... 101
bái, 白, weiß................. 19
bǎi, 百, hundert............. 13
bāngzhù, 帮助, helfen,
  Hilfe 95
bàozhǐ, 报纸, Zeitung..... 64
bǐ, 比, vergleichen 111
bié, 别, nicht 88

C

chàng gē, 唱歌, singen... 97
cháng, 长, lang 25
chū, 出, hinausgehen 69
chuān, 穿, anziehen 70
chuán, 船, Schiff............. 64
cì, 次, Mal..................... 118
cóng, 从, von 111
cuò, 错, falsch 26

D

dǎ lánqiú, 打篮球,
  Basketball spielen 115
dàjiā, 大家, alle zusammen
  13
dànshì, 但是, aber........ 111
dào, 到, ankommen 70
de, 得, Verbindungs-
  partikel.................... 100
děng, 等, warten 96

dì, 第,
  Ordnungskennzeichen 14
diǎn, 点, Tupfen,
  Tropfen...................... 69
dìdi, 弟弟, jüng. Bruder .. 37
dǒng, 懂, verstehen 82
duì, 对, richtig 100
duì, 对, zu 111

F

fángjiān, 房间, Zimmer ... 43
fēicháng, 非常,
  außerordentlich.......... 88
fúwùyuán, 服务员,
  Bedienung 38

G

gàosu, 告诉, sagen,
  mitteilen 82
gēge, 哥哥, ält. Bruder....37
gěi, 给, geben 70
gōnggòngqìchē,
  公共汽车, Omnibus ... 64
gōngjīn, 公斤, Kilogramm
  118
gōngsī, 公司, Firma........ 42
guì, 贵, teuer.................. 25
guo, 过, Vergangenheits-
  partikel.................... 101

H

hái, 还, noch 89

háizi, 孩子, Kind 38
hào, 号, Nummer 49
hǎochī, 好吃, lecker 20
hēi, 黑, schwarz 19
hóng, 红, rot 19
huānyíng, 欢迎,
  willkommen heißen . 115
huídá, 回答,
  (be)antworten............ 82

J

jiàn, 件, ZEW Kleidung.. 119
jiàoshì, 教室,
  Klassenzimmer 43
jīchǎng, 机场, Flughafen. 43
jīdàn, 鸡蛋, Hühnerei 32
jiějie, 姐姐, ält. Schwester
  37
jièshào, 介绍, vorstellen 83
jìn, 近, nah.................... 20
jìn, 进, hineingehen 69
jiù, 就, bald, sofort 90
juéde, 觉得, fühlen,
  empfinden.................. 59

K

kāfēi, 咖啡, Kaffee.......... 32
kāishǐ, 开始, beginnen.... 83
kǎoshì, 考试, Prüfung..... 76
kè, 课, Unterricht,
  Lektion 75
kěnéng, 可能, sein können
  59

Anhang C: Alphabetische Wörterliste

kěyǐ, 可以, können, dürfen 59
kuài, 快, schnell 20
kuàilè, 快乐, glücklich 26

L

lèi, 累, müde 25
lí, 离, entfernt 112
liǎng, 两, zwei 13
lù, 路, Straße, Weg 43
lǚyóu, 旅游, herumreisen 106

M

mài, 卖, verkaufen 69
màn, 慢, langsam 20
máng, 忙, beschäftigt 26
měi, 每, jeder, -e, -es 12
mèimei, 妹妹, jüng. Schwester 37
mén, 门, Tür 75

N

nánrén, 男人, Mann 38
nín, 您, Sie 12
niúnǎi, 牛奶, Kuhmilch ... 32
nǚrén, 女人, Frau 38

P

pángbiān, 旁边, neben ... 48
pǎo bù, 跑步, laufen 69
piányi, 便宜, billig, preiswert 26
piào, 票, Karte 76

Q

qǐ chuáng, 起床, vom Bett aufstehen 97
qiān, 千, tausend 14
qíng, 晴, heiter 19
qīzi, 妻子, Ehefrau 38
qùnián, 去年, vergangenes Jahr 49

R

ràng, 让, lassen 97

S

shàng bān, 上班, Dienst haben 106
shēng bìng, 生病, erkranken 107
shēngrì, 生日, Geburtstag 49
shēntǐ, 身体, Körper 54
shíjiān, 时间, Zeit 48
shìqing, 事情, Angelegenheit 76
shǒubiǎo, 手表, Armbanduhr 64
shǒujī, 手机, Handy 64
sòng, 送, schenken, senden 96
suǒyǐ, 所以, deshalb 111

T

tā, 它, es 12
tī zúqiú, 踢足球, Fußball spielen 115

tī, 踢, kicken 107
tí, 题, Thema 75
tiào wǔ, 跳舞, tanzen..... 97

W

wài, 外, außen 47
wán, 完, fertig sein 107
wán, 玩, spielen 96
wǎnshàng, 晚上, abends, Abend 48
wèi shénme, 为什么, warum 13
wèn, 问, fragen 69
wèntí, 问题, Frage 76

X

xǐ, 洗, waschen 70
xiàng, 向, nach 112
xiào, 笑, lachen 82
xiǎoshí, 小时, Stunde 48
xīguā, 西瓜, Wassermelone 32
xīn, 新, neu 25
xìng, 姓, Nachname 54
xiūxi, 休息, Pause machen 107
xīwàng, 希望, hoffen 59
xuě, 雪, Schnee 54

Y

yángròu, 羊肉, Schaffleisch 31
yǎnjing, 眼睛, Auge 54
yánsè, 颜色, Farbe 54
yào, 药, Arznei 54

yào, 要, wollen, sollen, müssen 59
yě, 也, auch 89
yǐjīng, 已经, schon 90
yīn, 阴, trüb 20
yīnwéi, 因为, weil 111
yìqǐ, 一起, zusammen 90
yìsi, 意思, Bedeutung 76
yóu yǒng, 游泳, schwimmen 107
yòubiān, 右边, rechts..... 47
yú, 鱼, Fisch 31
yuán, 元, Yuan 119
yuǎn, 远, fern 20

yùndòng, 运动, Sport machen 107

Z

zài, 再, wieder 90
zǎoshàng, 早上, morgens, Morgen 48
zhāng, 张, ZEW flache dünne Dinge 119
zhàngfu, 丈夫, Ehemann 38
zhǎo, 找, suchen 81

zhe, 着, durativer Aspekt 101
zhēn, 真, echt 89
zhèngzài, 正在, soeben .. 89
zhīdào, 知道, wissen 59
zhǔnbèi, 准备, vorbereiten 83
zìxíngchē, 自行车, Fahrrad 64
zǒu, 走, gehen 69
zuì, 最, Superlativ 100
zuǒbiān, 左边, links 47

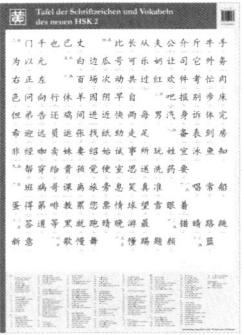

Tafel der Schriftzeichen und Vokabeln des neuen HSK 2

Alle Schriftzeichen und Vokabeln des neuen HSK 2 auf einen Blick: Auf einem großen Poster (59,4 x 84,1 cm) sind die zusätzlichen 173 Schriftzeichen und 150 Vokabeln des neuen HSK 2 übersichtlich zusammengestellt. Zu jedem Schriftzeichen sind die Strichreihenfolge, das Pinyin und die deutsche Bedeutung angegeben. Alle Vokabeln sind auf Chinesisch, in Pinyin und auf Deutsch aufgeführt.

ISBN 9-783-940497-43-7, DIN A1

Unvergessliches Chinesisch - Lehrbuch, Arbeitsbuch und Sprachtraining

Die Lernreihe bietet einen soliden Einstieg in die chinesische Sprache. Chinesisch wird systematisch und in leicht lernbaren Blöcken eingeführt. Dabei werden Sprechen, Lesen und Schreiben parallel vermittelt. Es wird dabei viel Wert auf Wiederholung gelegt, um Sprache und Schrift fest im Gedächtnis zu verankern. Das ausführliche Audiomaterial erlaubt es, Chinesisch im Selbststudium zu lernen. Schriftzeichen und Vokabeln sind am HSK orientiert.

ISBN 9-783-940497-32-1, 9-783-940497-14-7, 9-783-940497-50-5

Vorbereitung HSK-Prüfung – HSK 2

Vorbereitung auf den neuen HSK 2: Das Buch dient dazu, sich im Selbststudium auf die Grammatik, Vokabeln und Übungen des neuen HSK 2 vorzubereiten. Alle Aufgabentypen werden intensiv geübt. Lösungen zu den Aufgaben erlauben eine Selbstkontrolle. Im Anhang ist die komplette Grammatik des HSK 2 mit vielen Anwendungsbeispielen enthalten. Dem Buch ist eine MP3-Audio-CD zum Selbsttraining beigelegt.

ISBN 9-783-940497-27-7, 224 S., inkl. MP3-CD

Vokabelkarten Chinesisch – Grundwortschatz Teil 1

Die wichtigsten chinesischen Vokabeln auf handlichen Vokabelkarten zum Lernen und Wiederholen: Alle Vokabelkarten zeigen die Vokabeln auf Deutsch, in Pinyin und auf Chinesisch. Chinesische Mustersätze beschreiben die Verwendung der Vokabeln. Der Wortschatz ist am offiziellen HSK 1 und HSK 2 orientiert.

Stabile Schachtel, 306 Vokabelkarten (53 x 78 mm),
EAN 134280000116024

Bestellung ➡ ➡ ➡ www.huang-shop.de